Dieses Adressbuch gehört:

EDITION
ADRESSARIUM

A

B

B

B

B

B

C

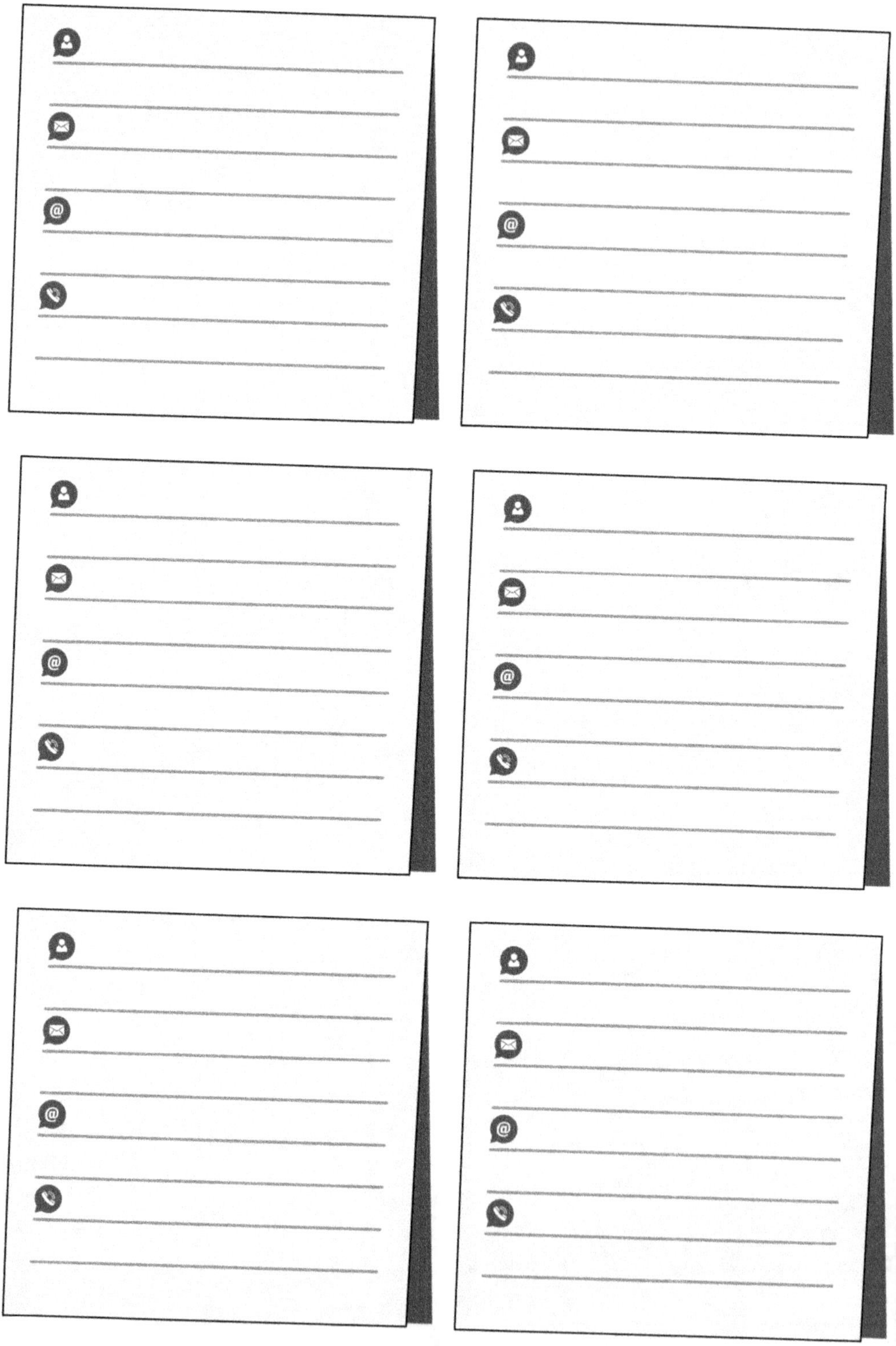

C

D

D

D

D

D

D

F

F

F

F

F

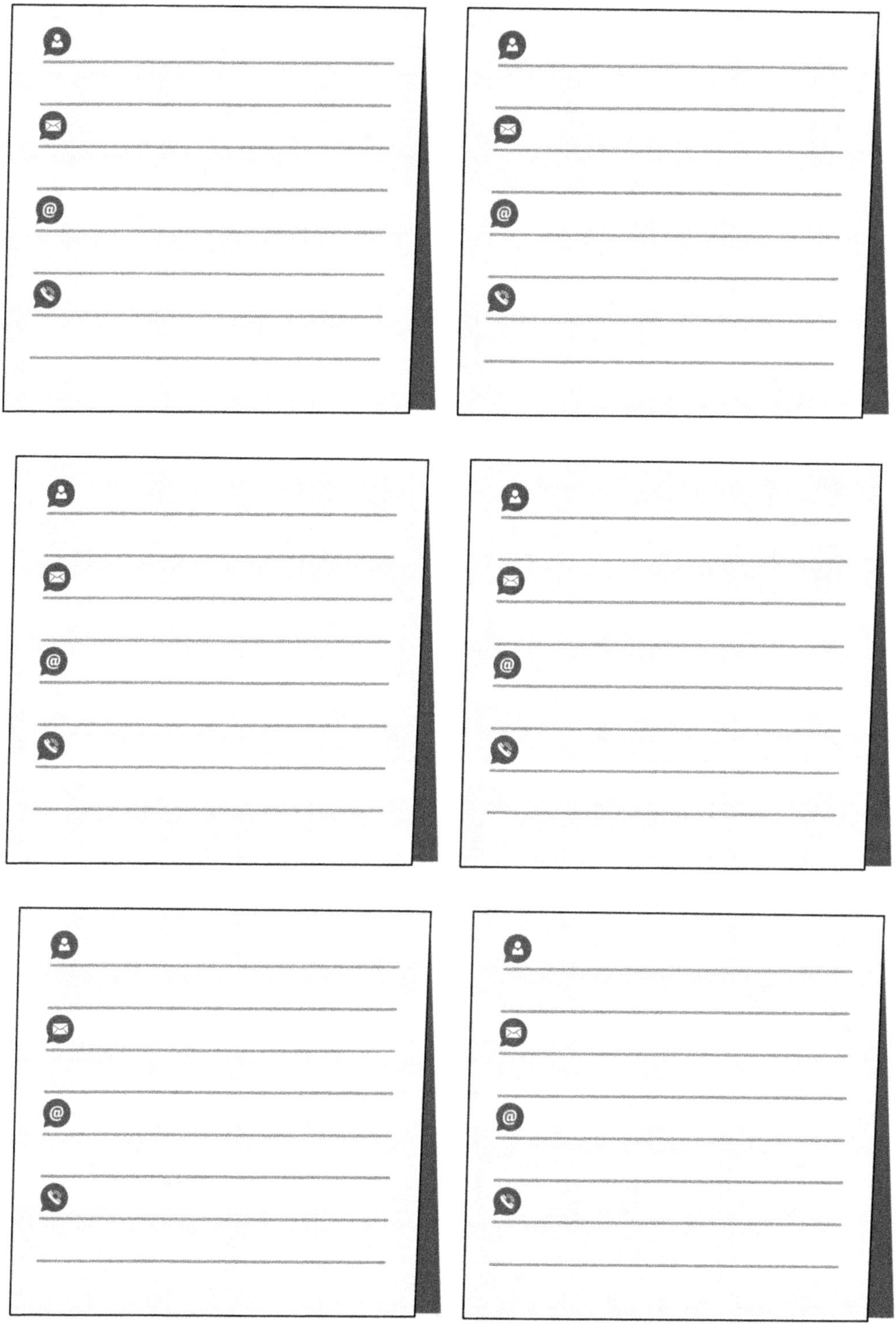

G

H

H

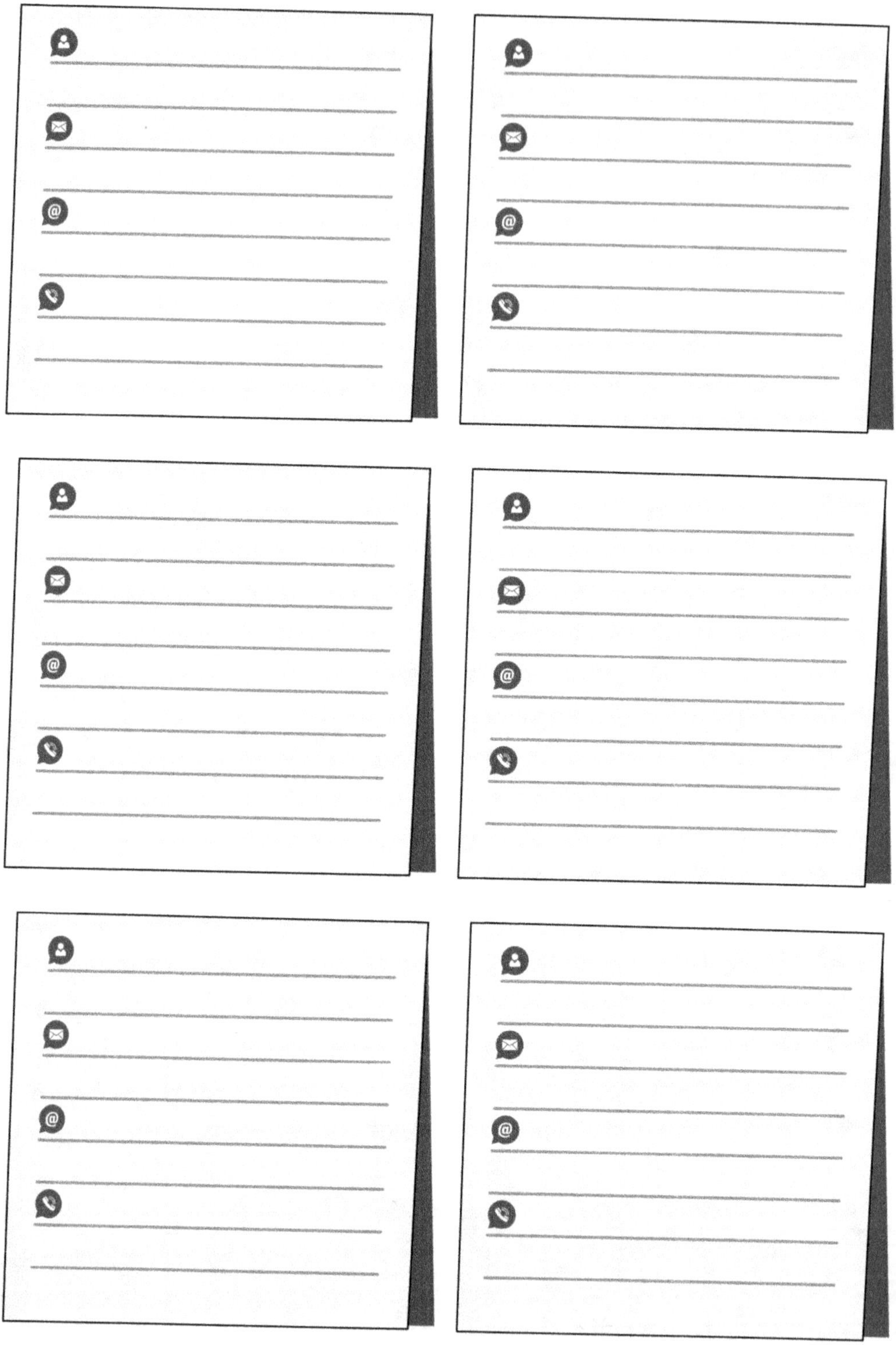

J

J

J

N

N

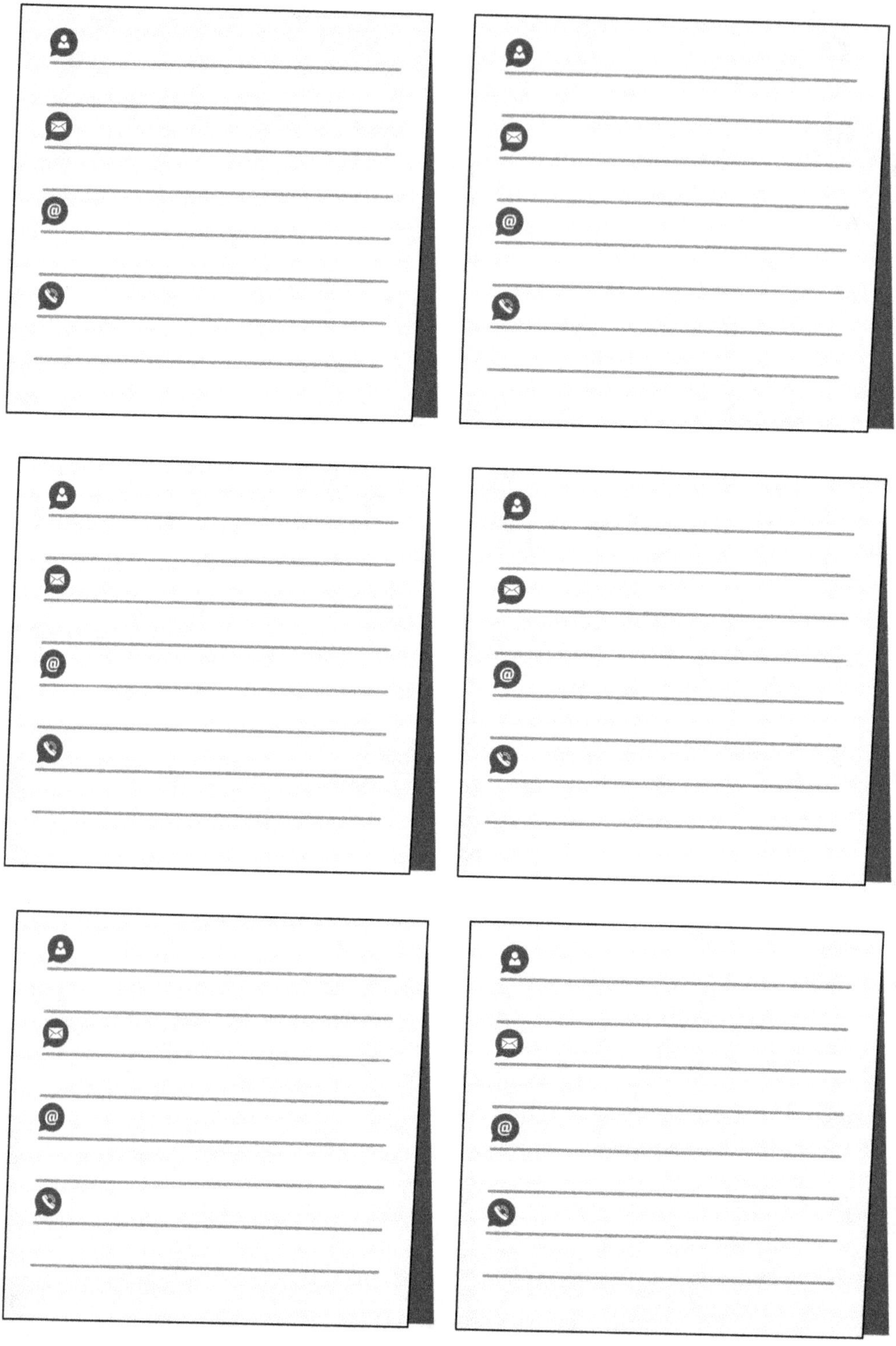

P

P

P

P

P

S

S

s

S

S

V

Y

Y

Y

Z

Z

Z

z

Z

Impressum:

Philipp Hesse
c/o Werneburg Internet Marketing und Publikations-Service
Philipp-Kühner-Straße 2
99817 Eisenach

Copyright: Philipp Hesse

www.ingramcontent.com/pod-product-compliance
Lightning Source LLC
Chambersburg PA
CBHW070759220526
45466CB00017B/369